AF595726

J. LESTRADE

REGISTRE PAROISSIAL

DE

VACQUIERS

Extrait du *Bulletin* 29 *de la Société archéologique du Midi.*

TOULOUSE. — IMP. A. CHAUVIN ET FILS, RUE DES SALENQUES, 28.

REGISTRE PAROISSIAL

DE

VACQUIERS

(HAUTE-GARONNE)

L'église de Vacquiers (1) possède un registre (reliure parchemin) que M. l'abbé Sénac, curé actuel de cette paroisse, a eu l'obligeance de me communiquer. On y lit le récit des événements paroissiaux survenus à Vacquiers aux dix-septième et dix-huitième siècles. La narration a été rédigée par les recteurs successifs. Les dates extrêmes sont 1616-1788. Le contenu des premiers feuillets a cependant une physionomie plus ancienne, notamment le *Coutumier des offices* et la *Nomenclature des Reliques*.

Les textes appellent diverses observations.

En dehors de leur intérêt local, ils ajoutent quelques traits à la biographie de certains vicaires généraux de Toulouse, dont le rôle a été prépondérant dans l'administration diocésaine : Jean de Rudelle et Joseph Morel curé de la Dalbade. J'ai moi-même parlé de M. de Rudelle, dans une étude sur Ph. Cospean (2). M. l'abbé Julien a signalé la personnalité accentuée, et ce semble sympathique, de l'oratorien J. Morel (3). Comme grand vicaire

(1) Aujourd'hui paroisse du canton de Fronton (Haute-Garonne).

(2) Voy. *Philippe Cospéan administrateur de l'archevêché de Toulouse* (*Revue de Gascogne*, t. XXXIII).

(3) Voy. *Histoire de la Dalbade*, p. 319.

il mériterait une notice. Le fait le plus honorable de sa carrière est son enquête à Pibrac au sujet du renom de sainteté laissé en ce village par Germaine Cousin.

Il fut un administrateur zélé, à la main ferme. Comment Montpezat de Carbon, servile à l'égard du pouvoir royal jusqu'à sacrifier les Filles de l'Enfance et les religieuses de Sainte-Claire du Salin, a-t-il pu s'accommoder de J. Morel et lui laisser une si grande part dans les affaires du diocèse? C'est un problème à étudier.

Dans un autre ordre de faits, le Registre de Vacquiers prouverait au besoin que le chant des vêpres n'avait lieu, au dix-septième siècle, que par exception dans les églises paroissiales. J. Morel 'a favorisé l'établissement de cet exercice (1).

A noter, en passant, l'habitude de chômer dès midi, en quelques solennités locales, la multiplicité des processions et des érections de croix aux carrefours et en divers quartiers de paroisse. — Le pèlerinage pédestre des habitants de Vacquiers à Notre-Dame d'Alet, selon un cérémonial très méritoire, tranche avec nos mœurs et nos pèlerinages en chemin de fer. Mais que dire de cette cérémonie de confirmation accomplie à Fronton en 1775, inouïe dans l'endroit depuis vingt-quatre ans, assure-t-on, à laquelle prirent part 2,000 personnes? Au cours de l'office, M. de Breteuil, évêque de Montauban, tomba en défaillance par excès de fatigue.

Ces différentes particularités étaient à signaler. D'ailleurs, le fragile registre peut disparaître : il y a lieu de conserver les récits qu'il renferme.

† *Mémoire des charges qui sont en l'église du lieu de Vacquiés, par M. le Recteur ou son vicaire, garder et observer.*

Janvier. — *La Circoncision :* Le 1er iour de l'an il fault dire messe haulte et vespres avec encens. A la messe diacre et soubs-diacres. — *L'Epiphanie :* Le iour et feste des trois roys messe haulte, diacre et soubs-diacre

(1) « Nous ordonnons sous peine de suspense à tous les Archiprêtres et Curez de nôtre diocèse, de chanter Vêpres, ou du moins de les psalmodier... tous les dimanches et Fêtes commandées, après avoir assemblé le peuple à l'Eglise au son de la cloche .. » Même recommandation pour les Annexes. — Voy. *Ordonnances de Mgr l'Illust. et Rév. Père en Dieu Ioseph de Montpezat de Carbon, archevêque de Toulouse*, faites dans le Synode du 4e mai 1677, imprimé chez Colomiez, 1678, p. 120. — *It.* dans la réimpression de 1696, p. 147. — Dès 1670, Nicolas Pavillon, évêque d'Alet, insérait dans ses *Statuts synodaux*, imprimés à Toulouse, chez R. Bosc (p. 49) : « Ayant remarqué qu'il y a encore quelques paroisses où les Vêpres ne se disent pas exactement les dimanches et les festes, ce qui est cause que les peuples passent une partie de ces saints jours dans l'oysiveté et en des jeux et des divertissements... Nous ordonnons... de chanter Vespres et Complies les dimanches..., etc. »

et messe avec encens. — 15 janvier, *saint Bonet :* Le 15 janvier on solennise annuellement la feste de saint Bonet (1). On va avec la procession à la croix qu'on nomme de Saint-Bonnet, la messe est célébrée et le lendemain on faict feste [chomée?]. — 17, *saint Antoine :* Le 17 janvier on solennise la feste de saint Antoine. — *Saint Fabien et saint Sébastien :* On solennise aussi la feste de saint Fabien et saint Sébastien. Il y a vespres à cause du *royaume* et l'on oufre le cierge au plus disant (2). — *Saint Blaise :* On solennise aussi saint Blaise. Messe haulte. — 27, *Dédicasse de l'Eglise :* Le 27 janvier on solennise la feste de la consécration et dédicasse de l'église dud. Vacquiés. On faict procession par l'église seulement (3).

Les dimanches. — Tous les dimanches et festes chomables commendées par Mon Seigneur l'Archevesque dedans son *Calendrier* fault dire messe haulte.

Samedis pour dire le *Salve*. — Tous les samedis il fault dire le *Salve*, et pour ce dire, il y a revenu de six sestiers bled à prendre sur le moulin de M. Guilamy. — Les samedis de caresme. — Tous les samedis de caresme fault dire complies. — Dimanches du caresme et festes de Pasques. — Tous les dimanches de caresme et festes de Pasques fault dire vespres.

Festes de Nostre-Dame. — Tous les iours de festes de Nostre-Dame fault dire messe haulte, vespres, et faire procession pour les Confraires de ladite chapelle.

Oraison de Midy. — Le iour de Pasques fault dire midy au cimetière. — L'on dict midy tous les iours de dimanche et festes depuis le iour de Pasques jusques au iour de M. saint Jean-Baptiste, et ès iours qui intervienent aud. temps quand l'on dict vespres on ne dict pas midy.

Trèze processions. — On faict trèze processions et commencent le iour de Pasques par trèze iours suivans.

Dominica in albis. — Vespres des morts.

May. Saint Philippe et saint Jacques. — La feste de saint Philippe et saint Jacques on va en procession au cimetière avant la messe.

Ascension : vespres. — Le iour de l'Ascension il y a vespres.

Pentecoste : vespres. — Le iour de la Pentecoste il y a vespres et les festes suivantes : (*laissé en blanc*).

Juin. — Le 2 iour de juin est solennisé par dévotion pour la gresle qui frapa ce lieu. On faict procession de l'église au cimetière, et de là on s'en

(1) S'agit-il de saint Benoit?

(2) Allusion à la vente annuelle d'un cierge appelé, pour la circonstance, le *cierge du roi*, dont le revenu appartenait à l'église ou au bassin d'une confrérie. En certains lieux on vendait le *cierge du roi* et le *cierge de la reine.*

(3) Ancienne église paroissiale de Vacquiers, située dans le cimetière, abandonnée après la Révolution et démolie en 1873, sous le rectorat de M. l'abbé Reclus.

***

retourne vers *Circou* droit à l'Oratoire (1), et s'en retourne à l'église autour du Fort.

Iour de la Trinité. — Le iour de la sainte Trinité fault dire vespres.

Iour *de Corpore Christi* et durant l'octave : vespres. — Le iour du Saint-Sacrement et le dimanche de l'octave fault dire vespres. Le Saint-Sacrement repose toute l'octave. Tous les soirs de lad. octave on doit dire le *Salve* devant le Saint-Sacrement et le *Libera me Domine*. Le iour de l'octave on faict procession avec le Saint-Sacrement par dedans l'église.

Procession du samedy. — Depuis le premier samedy après l'Annonciation de Nostre-Dame l'on faict procession autour du village tous les soirs [de samedi] iusques à la feste de M. saint Jean-Baptiste, et aud. lieu on solemnise depuis midi en bas.

Saint Jean-Baptiste : vespres et procession. — Le iour de saint Iean-Baptiste il fault dire vespres et faire procession à l'entour du Fort à l'accoustumée.

Assomption Nostre-Dame. — La veille Nostre-Dame, sçavoir, de son Assomption, fault faire procession.

Saint Sernin : procession. — Le iour de saint Sernin patron du lieu et de l'église parrochelle (2), on va en procession au cimetière, on y dict messe si on veust.

Jour de Noël : vespres. — Fault dire messe [haute] le iour de Noël et les festes suivantes, et vespres.

Rogationum primus dies. — Le premier iour des Rogations l'on va de l'église au moulin où l'on dict un évangile, et un aultre à la Croix de Moussen Paul, un aultre à la Croix qui vient des Toulsas (3) pour aller au cimetière où l'on dict messe, et puis après on faict des Absolutions [Absoutes] et là l'on commence les Litanies, et l'on s'en retourne à l'église sans s'arrester ailleurs.

2ª dies. — Le 2 iour l'on va au communal qui va devers Tholose où l'on dict le premier évangile, et un aultre à la croix qui s'en va à Lucas et un autre près le pont de Castanet, et de là droit à Saint-Bonet et là on dict un évangile ; on y commence les Litanies, et puis un aultre évangile à la première croix qui est auprès de la maison de Pierre l'Auiol et puis on poursuit les Litanies iusques à l'église.

(1) Le *Circou* est un quartier de paroisse voisin de l'ancien Oratoire aujourd'hui détruit. Sur l'emplacement de cet édicule fut érigée la croix *del Roc*, estimée une sauvegarde contre la grêle et but de processions. Elle a été enlevée vers 1825.

(2) Le chapitre de Saint-Sernin était collateur de la cure de Vacquiers et prélevait la dîme avec le recteur de la paroisse.

(3) *Les Toulsas*, quartier de paroisse situé à 3 kilomètres de Vacquiers, aujourd'hui rattaché à Montjoire.

3a dies. — Le troisième iour on s'en va droit à la forest, on dict un évangile près de Circou, un aultre près la forest, un aultre à la Nause, un aultre au chemin qui s'en va à Sarralbon, un aultre près la bourdette de M. Martres, et là on commence les Litanies, un aultre près le puis des Joufrets, un aultre à la place et puis on continue les Litanies iusque qu'on est arrivé à l'église et on dict messe.

Nombre des reliques qui sont à Vacquiès.

De M. S. Hyppolite.

De M. S. Blaise.

De M. S. Jorge et S. Jean Baptiste.

De S. Barnabé et S. Jacques le Mineur.

Il y a en oultre de la pierre sur laquelle Jésus-Christ soupa avec ses Apostres. — De la verge de Moyse. — De la pierre du saint Sépulchre. — De la pierre sur laquelle la sainte Magdalène fit sa pénitence. — Du monument de la sainte Vierge Marie.

De partibus ultra maris, scilicet :

De petra ubi Christus cœnavit cum discipulis suis.

De petra ubi Christus emisit spiritum suum.

De petra ubi Christus fecit « Pater noster. »

De petra ubi Christus et Apostoli fecerunt symbolum « Credo in Deum, etc. »

Cérémonies que fit M. Rudelle, vicaire général de Monseigneur l'Archevesque de Thoulouse.

L'an mil six cens seize et le 29 d'octobre M. Rudelle, grand vicaire de Monseigneur l'Archevesque de Tholose, a esté en ce lieu de Vacquiès pour faire la visite en l'église parrochielle dud. lieu, accompaignay de Messieurs de Mazet, recteur dud. lieu, Rabonite, procureur des âmes, et de son secrétaire, où led. sieur Rudelle a dict messe basse.

Bénédiction d'une croix qui fust plantée aux communaux de la Veyrière, mazage de la présente paroisse de Vacquiès.

Le onzième iour du mois de may mil six cens septante, je soubsigné prebtre et recteur du présent lieu de Vacquiés ay béni conformément à la permission qui m'en a esté donnée par M. Dufour, vicaire général le Siège vacant, en datte du neufviesme, susd. mois, et ce dans nostre église de Vacquiés, assisté de M. Jaybert prebtre et mon vicaire, au iour de dimanche, une croix de bois de serisié coupée dans les communaux du mazage de la Veyrière, iuridiction de Montjoyre et de nostre paroisse, laquelle fust plantée dans les communeaux dud. mazage après lad. bénédiction et adoration faicte, et ce proche un ourmeau vieux qui est dans lesd. comuneaux, et ce fust le 13e may susd. second iour des Rogaisons.

En foy de quoy et pour notifier lad. bénédiction, ay faict et signé le présent certificat, avec Me Jaybert prebtre et mon vicaire.

JAYBERT, pb. et vic. A. THEMOLET, recteur (1).

Cérémonies que fist M. Morel, vicaire général de Monseigneur de Montpezat de Carbon. archevesque de Tholose dans la visite qu'il fist dans nostre églize le 29 avril mil six cens septante neuf.

L'an mil six cens septante neuf et le 29 avril M. Morel, vicaire général de Monseigr de Monpezat de Carbon archevesque de Tholose, et curé de l'églize de la Dalbade de lad. ville, faizant la vizite générale par l'ordre de mond. Seigneur; a esté receu à la porte de nostre église ou ie luy présenté une estole à baizer, qu'il pendist à son col, et luy ayant présenté l'aspersoir il s'en asperg[e]a le premier et en suite tous les assistans, et puis luy ayant présenté le relicaire à baizer, il l'auroit gardé, et en suitte nous partimes dès la porte de nostre esglize chacun ayant son estole pendue au col, pour aller droit au grand autel qui estoit préparé pour l'Exposition du Saint-Sacrement, et fust entoné par moy le *Benedictus Dominus Deus Israel* etc., qui fust continué iusques à ce que nous fumes arrivés au grand autel où il dict l'oraison et puis il entona l'Hymne *Veni Creator Spiritus* que ie continué iusques à la fin, et dict le verset *Spiritus Domini replevit orbem terrarum*, et l'oraison ayant esté dicte par led. sieur vicaire général, i'entonay l'antiène de la sainte Vierge qui estoit pour lors *Regina cœli*, et l'oraison dicte comme dessus i'entonay l'antiène de saint Sernin. Le verset et l'oraison achevée il est monté baizer l'autel et visiter la réserve qui estoit dans la custode avec laquelle il a donay la bénédiction au peuble, et après avoir faict une exhortation en chère il se prépara pour dire la messe avant laquelle le Saint-Sacrement fust expozé dans le soleil qui resta en cest estat iusques à ce que la vizite et le catéchisme fust achevée et la vizite des fons baptismales, où alant fust entoné le Psl. *Laudate pueri Dominum* et les Psls. *Laudate Dominum de cœlis*, et pendant qu'on chantait il

(1) Autre bénédiction de croix le 15 mai 1670. « Elle fust plantée sur l'autel de l'Oratoire qui est dernier le vilage, le 19e du susd. mois... et furent gravées au pied de lad. croix ces trois lettres : A. T. R., et sur le sommet : 1670. » — Le 25 mai 1679, une croix est plantée « devant la porte du Fort du présent lieu de Vacquiés... selon la permission que M. Morel, vic. gen. de Mgr l'Archevêque de Toulouse me donna faizant la visite. » — Une « grande croix » est érigée au cimetière le 2 juin 1679, et « passant au comunal de la Font Grande ie bénis la croix qui est plantée prosche l'ourmeau qui est prosche mon bastiment. » — Le 3 juin 1679, érection de croix « à la place dicte *des goutets.* » — Croix érigée « proche le puis dict *de las cadènes,* » 10 juin 1679. — Plantations de croix, le 14 mai 1681, « au carrefour en allant chéz M. Lucas; » le 6 janvier 1686, près l'Oratoire, après une mission de trois semaines; le 12 mai 1686, « au mazage *des Toulzas.* »

ensensa les eaux qui estoit aux fons baptismaux dans la pissine, quoy parachevé il visita la chapelle et puis fust donner la bénédiction avec le Saint-Sacrement, et en suite fust entoné le Psl. *De profundis* pour les mors allant vers le fons de l'églize où l'oraison fust dicte, quoy faict nous nous retirames pour aller disner.

Le 6 may 1679 nous avons commencé à solemnizer la feste qui se faizoit le samedy après midy, au matin, par l'ordre de M. Morel (1).

Procession faicte à Nostre dame d'Alet le 25e may 1680 par la Communauté de Vacquiés où il fust dict messe grande à diacre et soubs diacre par nous A. Trémolet prebtre et recteur dud. Vacquiés et feust payé au passage de la rivière 4 l. 10 s. pour le passage de tous ceux qui accompagnoit lad. procession.

Le 25 may 1680 nous fûmes en procession à Nostre dame d'Alet (2) pour accomplir le vœu que la Communauté avoit faict d'y aller et ce fust un samedy matin que nous nous mismes en marche en nombre de cinq prebstres précédés de trois croix, sçavoir, la première teinte en blanc, béniste, ayant un cœur rouge au milieu portée par une fille ayant à ses costés deux aultres filles portant chacune un chandelier avec un cierge blanc, assuite desquels marchoit environ de deux cens filles rengées deux à deux dans tout le cours, et après elles venoit les enfans portant une croix teinte en noir ayant au milieu une couronne d'espines, qui marchoit pareillement deux à deux estant en nombre de cent, assuitte desquels venoint la croix d'argeant portée par un acolyte en ayant à ses costés deux aultres portant leur chandelier chacun avec leur cierge, suivis de cinq prebstres, des hommes et assuite des femmes tenants chacun leur rang, sans meslange, portant chacun leur cierge blanc en main, marchants deux à deux, dont le nombre des personnes qui y assistèrent fust trouvé estre d'environ huict cens personnes, le tout précédé par nostre banière, et fûmes de retour à nostre paroisse de Vacquiés le lendemain 26 may iour de dimanche.

Nous passames à Daux (3) sans faire aucune station pour l'avoir faicte dans l'églize paroissielle de Saint-Barthélemy dud. Daux le iour précédent, non plus qu'à Merville où le iour précédent nous avions faict station dans

(1) Lors de sa visite, J. Morel vérifia les reliques conservées à Vacquiers : « Les présentes reliques mentionnées dans le cartel signé de Monseigneur de Monchal archevéque de Tolose, inclus dans cette boite, ont esté visitées par nous faisant la visite et cachetées du seau de Monseigneur l'Archevéque. Fait à Baquiés ce 29 avril 1679 : Joseph Morel, vic. gen. » — Parchemin : Archives paroissiales de Vacquiers.

(2) Célèbre lieu de pèlerinage situé dans la paroisse de Montaigut (canton de Grenade-sur-Garonne).

(3) Daux et Merville, cité plus loin, sont deux paroisses du canton de Grenade.

l'églize paroissielle Saint-Sernin dud. Merville, et faict apprester nostre disner; et après avoir repassé la rivière de Garonne nous prismes nostre route droit à Nostre Dame de Beldou (1) cituée dans la paroisse de Saint-Jory où nous fumes reçus par M. l'abbé et fimes station ; et de là nous fusmes à Saint-Jory visiter l'église parroissielle où nous fimes de mesme station et donâmes un peu de temps au peuble pour se repozer, après quoy nous alâmes droit à Bruguières (2) où nous fîmes station dans l'église paroissielle, quoy faict nous fûmes à la chapelle Nostre Dame de Grâce dud. Bruguières où les Consuls firent l'offrande qu'ils ont accoustumé de faire tous les ans à lad. Chapelle en pareil rencontre, qu'est d'un cierge blanc chacun, après quoy nous nous mismes en marche droit à Cepet (3) où pareillement fust faict station et ie donay la bénédiction avec le Saint-Sacrement, et poursuivimes nostre route droit à Sainte Croix, les filles chantant tousiours les Litanies de la sainte Vierge, les enfants celles des saints et des prebstres psalmodians iusques à ce que nous fumes arrivés dans nostre églize qui estoit environ dix heures de nuit. Nous donâmes la bénédiction avec le Saint-Sacrement comme nous avions faict à Bouloc (4), en allant, où ie fèus dire messe, et à Merville lorsque nous y fîmes notre station, et ainsin nostre voyage ayant esté heureusement accompli, soit pour l'appréhension qu'on avoit du passage de la rivière, que de la longueur du voyage, que mesme pour la piété avec laquelle nostre peuble se comporta à recevoir les sacrements dans lad. chapelle de Notre-Dame d'Alet, que ie prie le bon Dieu vouloir avoir pour agréable.

Le 12 mai 1686 baptême de la seconde cloche de Vacquiers : « et feust bénitte seur les noms de saint François et la Vierge Marie, laquelle avoit esté fondue dans l'Oratoire qui est dernier la ville, le 13 apvril an susdit. » Installée au clocher le 14 mai, du poids de 535 liv., cette cloche pesait avant la refonte 530 liv. Les fondeurs reçurent « pour leurs paines et vacations, » 45 liv. (5).

(1) Petite chapelle isolée dans la campagne, détruite pendant la Révolution, rebâtie de nos jours.

(2) Paroisse du canton de Fronton, voisine de la chapelle, ajourd'hui détruite, dédiée, avant la Révolution, à N.-D. de Grâce. — Aubéry, Molinier, Percin, ont raconté l'histoire de ce lieu de pélerinage.

(3) Paroisse qui avait pour annexe Sainte-Croix. L'église Sainte-Croix était placée dans le cimetière qui se voit encore entouré d'une haie. L'église actuelle de Villeneuve-lès-Bouloc a recueilli le vocable de la Sainte-Croix, et comprend dans sa circonscription paroissiale le territoire de l'ancienne annexe de Cépet M. l'abbé Bacalerie, curé de Villeneuve-lès-Bouloc, a eu l'heureuse idée d'exposer dans son église deux vues très intéressantes des églises, détruites aujourd'hui, de Sainte-Croix et de Saint-Pierre de Lézens.

(4) Paroisse du canton de Fronton.

(5) En 1784, refonte de la petite cloche « à laquelle on ajoute deux quintaux de matière. » Cette cloche fut placée au haut du clocher.

Le 18 mai 1687 bénédiction du « tableau qui est au maistre autel de l'églize, où est représentée la figure d'un crucifix mourant, de la sainte Vierge et saint Sernin du costé droit; de saint Jean et de saint Anthoine du costé gauche. » Le rétable « qui est autour dud. tableau » représente « la figure de Notre-Dame montant au ciel. » Travaux payés par messire Jean Ruzé d'Effiat abbé de Saint-Sernin et par le recteur de Vacquiers, Antoine Trémolet « fils natif dud. lieu. »

Le 11 octobre 1765, M. de Clamouze vic. gén. de M. de Brienne archevêque de Toulouse, visite la paroisse de Vacquiers. Le soir, écrit le recteur, M. Alpinien-Domingon Bronsac, « nous retirâmes à la maison presbytérale où je reçus M. le vicaire général, lui donnai à souper, il coucha, et partit le lendemain pour Villematier (1).

« L'an 1775 et le 8 avril nous avons conduit les trois quarts de nostre paroisse, après les avoir préparés, sçavoir 160 communians et 140 enfans, à Fronton, pour être confirmé, et quand nous y sommes arrivés il a fallu aller avec les autres paroisses au château de M. de Caransac où M. de Breteuil évêque de Montauban avait couché, fatigué de la veille pour la confirmation qu'il avoit donnée, à l'église de Fronton, à 2,000 âmes, où il s'étoit trouvé mal. Arrivés à dix heures, il donna la confirmation à 2,000 âmes; il y avoit 24 ans qu'on n'avoit pas confirmé. — Domingon Bronsac, curé. »

« L'an 1785 il y eut une si grande abondance de vin que nous fûmes obligés de décuver plusieurs fois les cuves qui sont au cuvage, que je fis porter à Fronton 12 grosses de vin dont je ne retiray que 60 liv. quitte de fraix, le vin étoit pour faire de l'eau de vie, et dans le courant de l'année je ne l'ai vendu que 2 sols le péga. — Domingon Bronsac, curé (2). »

(1) Le 11 septembre 1781, M. de Chauvigny de Blot, vicaire général, futur évêque de Lombez, fait la visite canonique à Vacquiers, Bouloc et Sainte-Croix, annexe de Cépet. — « Nous fûmes, après la visite, avec MM. les Consuls, voir en promenant le cimetière qu'il trouva en très bon état, et dans le chemin il approuva et renouvella ce qui avoit été dit par M. de La Roche Aymon pour les morts : que ceux qui mourroient hors du village on les porteroit *à la croix de la place*, et que dès qu'ils y seroient déposés, M. le curé ou son vicaire yroit le prendre pour le conduire à l'Eglise, y faire les prières accoutumées et le reconduire au cimetière qui est fort éloigné. — Domingon Bronsac. »

(2) M. Bronsac note, en 1786, que les curés de Vacquiers « ont toujours eu l'usage de faire le vin en commun avec M. l'Abbé de Saint-Sernin... Ils sont tenus de contribuer à la moitié des réparations des cuves comme prenant la moitié des fruits décimaux. »

Aux derniers feuillets du Registre, on avait commencé d'inscrire les membres d'une confrérie de Saint-Hippolyte, établie à Vacquiés. On cite des confrères de Vacquiés, Gargas, Buzet, Villemur, Bouloc, Cépet, La Magdelaine, Pauliac, Raigades, La Bastide-Saint-Sernin.

www.ingramcontent.com/pod-product-compliance
Lightning Source LLC
LaVergne TN
LVHW050519160826
845677LV00003B/1231